COLLECTION FEUARDENT

JETONS ET MÉREAUX

DEPUIS LOUIS IX JUSQU'A LA FIN DU CONSULAT DE BONAPARTE

TROISIÈME PARTIE

ROIS ET REINES DE FRANCE

FLANDRES

Collection FEUARDENT

Vente après décès par suite d'acceptation bénéficiaire

JETONS ET MÉREAUX

DEPUIS LOUIS IX JUSQU'A LA FIN DU CONSULAT DE BONAPARTE

TROISIÈME PARTIE

ROIS ET REINES DE FRANCE

FLANDRES

VENTE AUX ENCHÈRES PUBLIQUES

A PARIS, HOTEL DES COMMISSAIRES-PRISEURS, RUE DROUOT, 9

SALLE N° 8

Les Jeudi 21 et Vendredi 22 Novembre 1929

A DEUX HEURES PRÉCISES

COMMISSAIRES-PRISEURS :

Me André DESVOUGES
26, Rue de la Grange-Batelière

Me Maurice CARPENTIER
14, Rue de la Grange-Batelière

EXPERT :

M. Etienne BOURGEY
7, Rue Drouot

PARIS

Exposition particulière :

Les 18, 19 et 20 Novembre 1929, chez M. Etienne Bourgey, 7, rue Drouot (Téléphone : Provence 88-67).

La vente aura lieu au comptant.

Les acquéreurs paieront 19,50 pour cent en sus des enchères.

L'authencité des pièces décrites est garantie.

M. Etienne Bourgey, 7, rue Drouot, se charge d'exécuter les commissions qui lui seront confiées.

L'ordre du catalogue sera suivi. L'expert se réserve le droit de diviser ou réunir les lots.

PARIS. — IMP. CHAUFOUR, 6-8, RUE MILTON

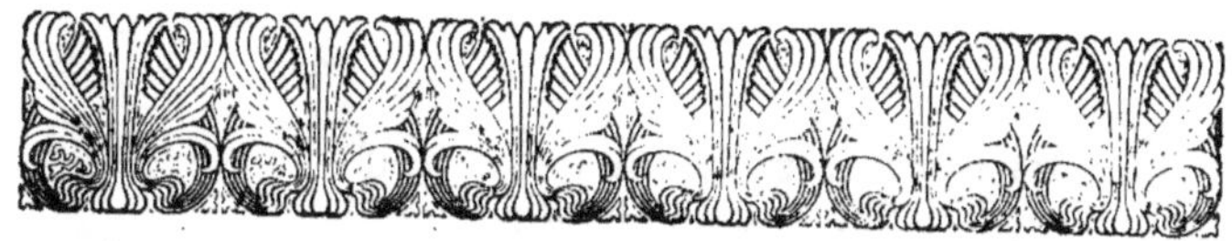

III. ROIS ET REINES DE FRANCE

2363 **Blanche de Castille.** Couronne. ℞. Château (11480). C. B. Rare.
2364 Ecureuil. ℞. Château. Autre. ℞. Croix. (11481, 2). C. 2 p.
2365 **Louis IX.** Ecu de France. Le roi debout. Le roi assis. (11483 à 85). C. 3 p. B. et TB.
2366 **Marguerite de Provence.** Tête de More. Ecu. ℞. Château. Autre. ℞. Râteau. (11486 à 87 a). C. 3 p. B.
2367 **Marie de Brabant.** Ecu parti de France et de Brabant. Ecu au lion. (11488 à 93). C. 6 p. B.
2368 **Jeanne de Navarre.** Ecu. ℞. GIR en monogr. (11494 à 96). C. 3 p. B.
2369 — ℞. Râteaux. Autre ℞. Râteau, corde, lis, etc. (11497, 8). C. 2 p. B.
2370 — ℞. Chandelier. Autre. ℞. Lis accosté de E D (11499, 11500). C. 2 p. B.
2371 + LE GRACE DE SEN DON ESTAINSTE. Croix. ℞. + KI SON DON DONNE Z PVIS LE PLAINT. Ecu de France-Navarre. TB. (11501). Autre, varié, AB. (11502). Troué. — Ens. 2 p.
2372 **Marguerite de France.** Ecu de France. ℞. Ecu aux léopards. AB. (11503). **Marguerite de Bourgogne.** Ecu. ℞. Croix. Ebréché (11504). C. 2 p.
2373 **Clémence de Hongrie.** + CE SONT LES GETOIRS. Croix. ℞. + DES QTES LA ROINNE. Ecu parti de France-Hongrie (11505). C. B. Rare. *Pl. XVII.*
2374 — Même écu. ℞. variés. (11506 à 11). C. 6 p.
2375 **Jean I.** Couronne. ℞. Enfant au maillot. (11512). C. B. Rare.
2376 **Philippe V** (?). Chambre aux deniers (11513). **Charles IV** + LOENGE A DIEV AVAT TOVT EVVR. (11513 a). C. 2 p. AB. et B.
2377 **Marie de Luxembourg.** Ecu parti de France-Luxembourg. ℞. Aigle. Autres. ℞. Lis ou croix. (11514 à 16). C. 3 p. AB. et B

2378 **Jeanne d'Evreux.** Ecu de France parti d'Evreux. ℟. Ecu ou croix. (11517 à 22). C. 6 p. La plupart, B.

2379 **Philippe VI.** Ecu de France; tête couronnée de face (11523 à 23b). C. 3 p.

2380 **Jeanne de Bourgogne.** EN CESTE CROIS EST LE SEIGN. Clef dans un quadrilobe posé sur une croix de quatre lis. ℟. + DE LA CHANBRE AVS DENEIRS LA ROINN. Ecu de France-Bourgogne (11524). C. B. Rare. *Pl. XVII.*

2381 Ecu de France-Bourgogne. ℟. Lis. Autres. ℟. Croix (11525 à 31). C. 9 p. La plupart, B.

2382 — Autres variétés (11532 à 38). C. 9 p. AB. et B.

2383 **Blanche de Navarre.** Ecu de France-Navarre (11539 à 41). C. 3 p. B. dont une percée.

2384 **Jean le Bon.** Bordure de rosaces séparées par des I. *Jean II et sa femme?* (11541 a à 41 d). C. 4 p. AB. et B.

2385 **Jeanne d'Auvergne.** Ecu parti de France et d'Auvergne. ℟. Quatre clefs en croix. (11542). C. B. Rare.

2386 Ecu losangé. ℟. Clef. (11543). C. TB. Rare. *Pl. XVII.*

2387 **Charles VI.** Buste de face; écu de France. (11544, 44a). **Isabelle de Bavière.** Ecu losangé (11545). Jetons de fabrique allemande (11545 a, b, c). — Ens. 6 p. C.

2388 **Henri V ou VI d'Angleterre.** St Georges; buste de face; écu aux léopards; type du salut. (11546 à 50). C. et Pb. 9 p.

2389 **Charles VII.** Saint-Amant (?) Clerc du Trésor. Ebréché. Divers avec VIVE LE ROI (11551 à 51 c). **Louis XI. Charles VIII.** (11551d à 53a) C. 9 p.

2390 **Renée de France.** RENATA. FRANCIE. FERR. D. Armes de Renée et d'Hercule II de Ferrare. ℟. IESPERE GUERIR. Armes de Pierre Séguier (11556). Arg. TB. Rare. *Pl. XVII.*

2391 Ecu losangé de Renée de France. ℟. NOSCENDA EST MENSURA SUI. Ecu aux armes de Longuet (11557). C. TB. *Pl. XVII.*

2392 **François Ier.** DV. ROY. FRANÇOYS. PREMIER. DE. CE. NOM. Croix. ℟. CHAVLT. AVNE. FOI. Ecu de La Chaux? (11558). Divers (11559 à 62a). C. 6 p.

2393 **Eléonore d'Autriche.** Ses armes. ℟. Armes de J. de Soulfort (11563). C. TB.

2394 — ℟. NICOLA. VA. LAEN. TRESORIR. GN. D. LA. ROI. Ses armes (11564). C. TB. *Pl. XVII.*

2395 **Louise de Savoie.** LVDOVICA. MATER. REGIS. FRANCIE. Ses armes. ℟. DV. ROY. FRANÇOIS. PREMIER. DE. CE. NOM. Salamandre (11565). C. TB.

2396 **Marguerite d'Angoulême.** Ecu losangé de France. ℟. Tête de Gorgone sur un écu (11566). C. B.

2397 **Henri II.** CONCORDIA. RES. Ecu de France formé de trois croissants. ℟. PARVÆ CRESCUNT. Croix (11570). Or. TB. Rare. *Pl. XVII.*

2398 Divers. (11571 à 11622). Arg. 2 p. C. 52 p. Pb. 1 p.

2399 **Catherine de Médicis.** Ses armes. ℟. Pluie de larmes (11627, 28). Arg. 2 p. TB.

2400 — Même p. et variétés (11623 à 26, 28^{a} à 32). C. 11 p.

2401 **Isabelle et Philippe II.** Jetons des Pays-Bas (11633 à 35). **Claude de France.** (11636) C. 4 p.

2402 **François II.** Types variés. (11637 à 56). C. 19 p.

2403 **Marie Stuart.** Ses armes. ℟. Cep, 1579 (11658). Arg. TB.

2404 Dextrochère taillant une vigne (11659). Arg. TB. Divers (11657, 60, 60^{a}). Arg. coulé, 1 p. C. 2 p. — Ens. 4 p.

2405 **Charles IX.** Le roi à cheval se présentant à la porte de Paris. ℟. La reine dans un char faisant son entrée. 1571 (11696). Arg. FDC.

2406 Ecu de France. ℟. SIC. RECTOS. CURVIS. DISTINGUIT. FALCIB. Faux et épées entremêlées (11697). Arg. TB. *Pl. XVII.*

2407 Divers (11661 à 95, 98 à 11745). C. 86 p.

2408 **Elisabeth d'Autriche.** Ses armes. ℟. REGNAT DEVOTA DEO MENS. 1584. Oiseau sur une palme (11749). Arg. TB. *Pl. XVII.*

2409 — Même p. et variétés (11746 à 48, 50 à 52). C. 6 p.

2410 **Henri III.** Buste cuirassé à dr.; dessous, 1577. ℟. ARMI POTENTI. GALLIÆ; à l'exergue, FORTIS. Troupe de cavaliers (11762). Médaille 30 mm. Arg. TB. *Pl. XVII.*

2411 Bellone entre Thémis et la Paix. ℟. La Justice, 1584 (11780). Arg. TB.

2412 Arche d'alliance. ℟. Aigle éployé de face, 1588 (11792). Arg. TB.

2413 Divers, 1579, 83, 84, 87 (11767, 76^{a}, 79, 87). Arg. et C. 4 p. dont une trouée.

2414 Types et dates variés (11753 à 61, 63 à 66, 68 à 76, 76^{b} à 78, 79^{a}, 80^{a} à 86, 87^{a} à 91, 93 à 11841). C. 89 p.

2415 **Louise de Vaudemont.** Ecu parti de France et de Lorraine. ℟. AMOR. AQVAT. AMANTES. 1576. Deux plumes d'autruche (11842). Arg. TB.

2416 — Même p. et types variés (11843, 44, 46 à 49). C. 6 p. Autre. ℟. Cadran solaire, 1580 (11845). Arg. **Charles X.** Armes du Cardinal de Bourbon (11850, 50a). C. 2 p. — Ens. 9 p.

2417 **Henri IV.** Ecu de France. ℟. Vignerons taillant, 1593 (11852). Arg. TB.

2418 Ecus accolés de France et de Navarre. ℟. Cavaliers, 1595 (11855). Arg. TB.

2419 Autel et dextrochères, 1597. Globe, compas, pyramide, 1598. Navire, 1599. (11863, 68, 74). Arg. 3 p. B.

2420 Mars arrosant un laurier, 1599 (11875). Arg. TB.

2421 Buste de face. ℟. Vaisseaux et mortiers, 1600. Ecus accolés. ℟. Laurier et olivier, 1601. Buste à g. ℟. Navire, 1601. (11879, 84, 86). Arg. 3 p. B. et TB.

2422 Ecus accolés. ℟. Charles de Lorraine saisissant une femme nue par les cheveux, 1603. Autre. ℟. Chien gardant une couronne, 1605. (11893, 95). Arg. 2 p. B. et TB.

2423 Le Roi à cheval, 1606. La Paix; la Vigilance; 1607 (11903, 11, 12). Arg. 3 p. AB. et TB.

2424 Le Roi debout, 1608 (11923). Arg. TB.

2425 Lance et couronne; arc-en-ciel; 1609. Cavalier, 1610 (11928, 33, 44). Arg. 3 p. B. et TB.

2426 Loup coiffé d'une barrette de jésuite égorgeant un agneau. ℟. Bible. Jeton fr. aux Pays-Bas à la mort du Roi, 1610 (11946). Arg. TB.

2427 Jetons semblables aux précédents et autres de dates et types variés (11851, 53, 54, 56 à 62, 64 à 67, 69 à 73, 74a, 76 à 78, 80 à 83a, 85, 87 à 92, 93ab, 94, 96 à 11902, 11904 à 9, 13 à 22, 24 à 27, 29 à 32, 34 à 43, 45, 47 à 66). C. 103 p. En général B. et TB.

2428 **Henri IV et Marie de Médicis.** Bustes affrontée du roi et de la reine. ℟. Ecu couronné, 1605 (11968). Or. TB. *Pl. XVII.*

2429 — Même pièce. Arg. Divers. C. (11969 à 81). 13 p. B. et TB.

2430 Ecu couronné, 1600. ℟. ARMATI MISSILE AMORIS. s. Flèche, palme et myrte (11967). Arg. B. Rare. *Pl. XVII.*

2431 Bustes en regard, 1610. ℟. Buste de Louis XIII, 1614 (11982). Arg. B. Rare. *Pl. XVII.*

2432 **Marie de Médicis.** Ses armes. ℟. Tournesol dans un paysage, 1601 (11983). Arg. TB.

2433 Deux palmiers, 1605. La reine sous les traits de Junon, 1608 (11985, 92). Arg. 2 p. TB.

2434 Miroir réfléchissant le soleil, 1609. Sept lis, 1610. Palmier, 1611 (11994, 97, 12002), Arg. 3 p. B. et TB.

2435 Minerve, 1612. Arc-en-ciel, 1613. Vigne et palmier, 1615 (12003, 5, et 9). Arg. 3 p. B. et TB.

2436 Soleil, 1616. Couronnes de chêne et de palmes, 1617. Arche, 1624 (12011, 14, 17). Arg. 3 p. B. et TB.

2437 Tour liée à un lis et à une rose, 1625. Quatre couronnes. lis, etc... 1626. Deux aigles, 1626 (12019, 21, 28). Arg. 3 p. AB. B. et TB.

2438 Trois couronnes, 1630 (12029). Arg. TB.

2439 Semblables aux précédents et autres, dates et types variés (11984, 86 à 91, 93, 95, 96, 12000, 1, 4, 6 à 8, 10, 12, 13, 15, 16, 18, 20, 22 à 27, 30, 31). C. 31 p. La plupart TB.

2440 Buste de Marie de Médicis. à g. ℞. Buste de Louis XIII à dr., 1625 (12032). Arg. TB. *Pl. XVII.*

2441 **Henriette de France**. Ecus accolés de France et d'Angleterre. ℞. Laurier et arbre sur un rivage, 1628 (12037). Arg. TB.

2442 Bustes en regard d'Henriette et de Charles Ier. ℞. Amour, 1625. Bustes accolés, gravés en creux. Arg. 2 p. Henriette debout. C. 2 p. (12033 à 36). — Ens. 4 pièces B. et TB.

2443 **Louis XIII**. Ecus accolés. ℞. Touffe de lis sous le soleil et la lune, 1611. Autre. ℞. L dans un croissant, 1611 (12042, 45). Arg. 2 pièces B. et TB.

2444 Oiseau de paradis. ℞. Arbre, 1612. Ecus accolés ; ℞. Pégase, 1612. Autre. ℞. Aigle couronné, 1613 (12050, 52, 59). Arg. 3 p. B. et TB.

2445 Couronne, 1613. Tête de Gorgone sur un écu, 1615 (12065, 92). Arg. 2 p. AB. et TA.

2446 Buste du roi à g. ℞. Dextrochère et bouclier, 1615 (12081). Arg. TB.

2447 Ecus accolés. ℞. Trophée, 1616. Autre. Globe sur un char, 1618 ; jugement de Salomon, 1619 (12096, 12103, 6). Arg. 3 p. B.

2448 Coqs mettant un lion en fuite, 1619. Dextrochère et personnages, 1620. Laurier, 1621 (12108, 13, 19). Arg. 3 p. B.

2449 Main tenant une épée couronnée, 1622. Le roi au galop, 1624 (12121, 27). Arg. 2 p. B.

2450 PRA VIGILES NVMERIS. Deux personnages assis. ℞. NVMERIS QUIBUS OMNIA SUBSUNT, 1624. Signes astronomiques, flammes et navire devant la Rochelle ?, 1624 (12132). Arg. B.

2451 Autel. ℟. Boussole, 1625. Ecus accolés. ℟. Antre des vents, 1625 (12135, 37). Arg. 2 p. AB. et TB.

2452 Main tenant une balance, une épée, un lion et un dragon enchaînés, 1628 (12143). Arg. TB.

2453 Miroir suspendu à une tour, 1628. Buste du roi, 1629. Aigle, 1630 (12148, 53, 64). Arg. 3 p. AB. et B.

2454 Lis, Termes, sablier, cadran, 1630. Aigle couronné, 1630. Cinq lis sur des rivages, 1631 (12165, 66, 69). Arg. 3 p. B. et TB.

2455 Passerelle ; cavalier, 1631. Main saisissant sur les flots une corne d'abondance, 1633 (12173, 75, 87). Arg. 3 p. AB. B. TB.

2456 Buste du roi sur une monnaie. ℟. Ange foulant un squelette, 1633. Ecus accolés. ℟. Lion et loups, 1633 (12188, 90). Arg. 2 p. B.

2457 Foudre brisant une épée, 1633. Guerrier, 1634. Le roi, 1635 (12191, 93, 12213). Arg. 3 p. B. et TB.

2458 Buste à dr. ℟. Caducée sur un pont, 1638 (12219). Arg. TB. *Pl. XVII.*

2459 Buste de Jules César. ℟. Corbeille, 1638. Buste du Roi. ℟. Personnage ramassant des fruits tombant du ciel. Buste à dr. ; Buste à g., s. d. (12220, 22, 77, 80). Arg. 4 p. B. et TB.

2460 Semblables aux précédents et autres de dates et types variés (12038 à 41, 43 à 44, 46 à 49, 51, 52 a à 58 a, 60 à 64, 66 à 80, 82 à 91, 93 à 95, 97 à 12102, 4, 5, 7, 9 à 12, 14 à 18, 20, 22 à 26, 28 à 31, 33, 34, 36, 38 à 42, 44 à 47, 49 à 52, 54 à 63, 64 a, 67, 68, 70 à 72, 74, 75 a à 86, 89, 91 a, 92, 94 à 12212, 14 à 18, 21, 22 a à 76, 78, 79, 81 à 87 a, 89 à 300). C. 239 p. En général, B. et TB.

2461 Jetons divers de fabrique nurembergeoise (12301 à 20, 22 à 25). C. 24 p.

2462 *Louis XIII et Anne d'Autriche.* Bustes en regard. ℟. ÆTERNE FŒDERA PACIS. Deux couronnes royales sur une couronne de laurier, 1615 (12326). Arg. TB. Bustes accolés (12327 à 34). *Louis XIII et Louis XIV* (12337, 38). — Ens. 1 p. arg. et 11 p. C.

2463 *Louis XIII et Richelieu.* Buste du roi. ℟. Buste du Cardinal (12335, 36). Arg. 2 p. B. et TB.

2464 **Anne d'Autriche.** Ses armes. ℟. Trois lis entourés d'un serpent, 1617 (12339). Arg. TB.

2465 Lune et étoiles, 1618. Miroir, 1620. Lune et soleil, 1621 (12340 à 42). Arg. 3 p. B. et TB.

2466 Touffe de lis, 1622. Deux palmiers, 1625. Cadran solaire, 1628 (12343, 45, 46). Arg. 3 p. B. et TB.

2467 Arc-en-ciel, 1631. Cœur sur champ de lis, 1634. AL couronné, 1635 (12347, 50, 51). Arg. 3 p. B. et TB.

2468 Trophée, 1636. Lis, 1638. Palmiers, 1640 (12353, 56, 57). Arg. 3 p. B. et TB.

2469 Laurier, 1641, 1647. Colonne, 1645. Renommée, 1646 (12360, 71, 73, 75). Arg. 4 p. B. et TB.

2470 Couronnes de palmes et de laurier, 1651. Buste de la reine. ℞. Le Pont-Neuf, 1654. Autre. ℞. Tour, 1655 (12387, 93, 97). Arg. 3 p. B. et TB.

2471 Etoile, 1656. Armes. ℞. Deux couronnes liées, 1658 (12400, 5). Arg. 2 p. TB.

2472 Buste à dr. ℞. MVTVVS. ISTE. ARDOR. MEVS, EST, 1660. Deux miroirs sous le soleil (12410). Arg. TB.

2473 Plant de lis, 1662. Alcyon. 1663. (12412, 15). Arg. 2 p. B.

2474 TRÉSORERIE DE LA REYNE. Ses armes. ℞. Main tenant une perle au-dessus d'une coquille, 1663 (12417). Arg. TB.

2475 Buste à dr. ℞. Autel, 1665. Autre. ℞. Arche, 1666 (12422, 24). Arg. 2 p. B. et TB.

2476 Semblables aux précédents et autres de dates et types variés. Quelques refrappes (12344, 48, 49, 52, 54, 55, 58, 59, 61 à 70, 72, 74, 76 à 86, 88 à 92, 94 à 96, 98, 99, 400 [a] à 4,406 à 9, 11, 13, 14, 16, 18 à 21, 23, 25 à 46). C. 83 p. B. et TB.

2477 **Louis XIV**. Buste à dr. ℞. REGNI GALLIÆ ÆTERNITATIS, 1645. La France assise contemplant une médaille à l'effigie du roi (12465). Arg. TB. *Pl. XVII.*

2478 Aigle et aiglons, 1645. ℞. Palmier. La France assise, 1647. ℞. Homme nu, courbé sous un fardeau qu'un ange l'aide à porter (12462, 74). Arg. 2 p. B et TB.

2479 Buste à dr. ℞. La Paix, s. d. Ruche. ℞. Navire, 1656. La Bonne Foi. ℞. Navires. 1658 (12477, 12525, 34 [a]). Arg. 3 p. B. et TB.

2480 La Paix et la Justice. ℞. Deux miroirs sous le soleil, 1660. Autre. ℞. La Justice assise sur un fraudeur (?), 1660 (12558, 59 [a]). Arg. 2 p. TB.

2481 INTEMERATA. MANVS. 1663. La Bonne Foi assise. ℞. CVM. FŒNORE. SOLVIT. Soleil sur un paysage (12566, 66 [a]). Arg. 2 p. variées. B.

2482 — Même type. ℞. FRONDESCIT VIRGA METALLO. Arbre dans un paysage (12567, 68). Arg. et C. Buste de Louis XIV. ℞. La Bonne Foi du jeton précédent, s. d. C. (12566 [b]). — Ens. 3 p. B. et TB.

2483 Buste à dr. ℞. Soleil, 1663. Autre. Façade du Louvre; Cintre, 1663 (12569, 71, 73). Arg. 3 p. TB.

2484 Soleil, 1664. Fontaine, 1666, 1667. Peau de lion et massue, 1668 (12584, 90, 95, 12601). Arg. 4 p. B. et TB.

2485 Soleil, 1669. Foudre et pluie d'or, 1670. Soleil sur des arbres, 1671. La Félicité, 1675 (12611, 28, 37 et 66). Arg. 4 p. B. et TB.

2486 Victoire sur une proue, s. d. Diamant, 1680; Hercule, s. d. Minerve, s. d. (12671, 81, 12758, 77). Arg. 4 p. TB.

2487 Neptune. Coq défendant la Toison (12789, 93, 12806, 11). Arg. 4 p. TB.

2488 Amphitrite. Persée. Buste du roi par Dassier (12822, 33, 36). Arg. 3 p.

2489 La Félicité. L'Aurore. Coq défendant la Toison. Oranger sous le soleil (12859, 86, 88, 90, 12909, 25, 27). Arg. 7 p. B. et TB.

2490 Semblables aux précédents et autres de dates et types variés; quelques refrappes (12448, 50 à 60, 63, 64, 66 à 73, 75, 76, 77 a, à 12524, 26 à 34, 34 b à 57, 59, 60 à 65, 70, 72, 74 à 83, 85 à 89, 91 à 94, 95 a à 12600, 1 a à 10, 12 à 26, 29 à 36, 38 à 65, 66 a à 70, 72 à 80, 82 à 12757, 59 à 76, 77 a à 88, 90 à 92, 94 à 12805, 7 à 10, 12 à 21 a, 23 à 32, 34, 35, 37 à 58, 60 à 85, 87, 89, 91 à 12908, 10 à 24 a, 26, 28 à 57). Et. 2 p. C. 479 p.

2491 Jetons divers de fabrique nurembergeoise (12958, 60 à 13025). C. 62 p.

2492 *Louis XIV et Marie-Thérèse.* Bustes en regard. ℞. NON. LÆTIOR. ALTER, 1660. Pluis fertilisante (13032 à 36). Arg. 2 p. C. 3 p. (Deux refrappes). B. et TB.

2493 L'île des Faisans. Mains jointes. Monogramme. Entrée de la reine. Soleil, etc..., 1660, 61. (13027 à 31, 37 à 45). C. 15 p. (Trois refr.). B. et TB.

2494 Mêmes bustes en regard. ℞. Soleil, 1663, 1664. Arg. Divers C. (13046 à 97). Ens. 60 p.

2495 **Marie-Thérèse.** Buste à dr. ℞. Amour mettant le feu à un amas d'armes, 1661. Autre. Arc-en-ciel même date (13103, 4). Arg. 2 p. B. et TB.

2496 TRESORERIE DE LA REYNE. Ses armes. ℞. Gouttière alimentant une fontaine, 1662. Autre. Main tenant une perle au-dessus d'une coquille, 1663 (13108, 10). Arg. 2 p. B. et TB.

2497 Buste à dr. ℞. Concert au clair de lune, 1665. Etoile, 1666. Grenadier, 1667 (13116, 20 et 24). Arg. 3 p. TB.

2498 Etoile, 1670, 1672. L'Aurore, 1674 (13137, 40, 46). Arg. 3 p. B.

2499 Encensoir, 1675. Coquille sur la mer, 1676. Horloge, 1677 (13147, 48, 50). Arg. 3 p. TB.

2500 Boussole, 1678. Arche, 1679. Autel, 1680, 1682. Couronne, 1681. Lis, 1683. Anne d'Autriche, s. d. (13153, 57, 58, 61, 63, 65, 13098). Arg. 7 p. AB. B. et TB.

2501 Semblables aux précédents et autres de dates et types variés. *Louis XIV et Philippe de France. Charles II d'Espagne.* Mariage de Marie-Thérèse (13026, 99 à 102, 105 à 7 a, 9, 9 a, 11 à 15, 17 à 19, 21 à 23, 25 à 36, 38, 39, 41 à 45, 49, 51, 52, 54 à 56, 59, 60, 62, 64, 66, 67). C. 54 p. B. et TB. Quelques refrappes.

2502 **Louis XV.** Buste à dr. ℞. Buste de Louis XIV. Autres. ℞. Buste du Régent (13169, 71, 72, 74). Arg. 4 p. B.

2503 Soleil couchant, 1716, 1718 (13175, 78). Arg. 2 p. TB. Médaille 32 % : Rétablissement de l'ancien régime, 1726 (13182, 82a). Arg. et Br. — Ens. 4 p.

2504 La Justice. Amphitrite. L'Aurore. Deux L. couronnés ; octog. (13184, 89, 92, 94, 96, 99, 13200, 2, 4, 6 à 9, 33). Arg. 14 p. B. et TB.

2505 — Semblables aux précédents et autres. Jetons de fabrique nurembergeoise (13168, 70, 73, 76 à 77, 79 à 81, 83, 85 à 88, 90, 91, 93, 95, 201, 3, 5, 10 à 32, 34 à 96). Arg. 1 p. C. 190 p. B. et TB.

2506 *Louis XV et Marie-Anne-Victoire.* Bustes en regard, 1721. (13297 à 13302). Arg. 2 p. C. 4 p. Quelques refrappes.

2507 **Marie Lesczinska.** Son buste. ℞. Buste du roi. Autre. ℞. Soleil et étoile, 1726 (13307, 10, 12). Arg. 3 p. B. et TB.

2508 Oranger, 1727. Rameaux d'olivier, 1728. Autel orné d'un dauphin, 1729 (13314, 17, 19). Arg. 3 p. B. et TB.

2509 Vigne, 1730. Lis. 1731. Paysage, 1732 (13320, 21, 24). Arg. 3 p. B. et TB.

2510 Grenade, 1733. Oranger, 1734. Vigne attachée à un arbre, 1735 (13327, 29, 30). Arg. 3 p. TB.

2511 Olivier, 1736. Vigne attachée à un arbre, 1737. Soleil sur un champ de blé. 1738 (13332, 35, 37). Arg. 3 p. TB.

2512 Étoile, 1739. L'Aurore, 1740. Latone, 1741 (13340, 1, 3). Arg. 3 p. B. et TB.

2513 Dauphin dans le ciel, 1742. Lune et étoile, 1743. Aimant, 1744 (13344. 5, 6). Arg. 3 p. B. et TB.

2514 Palmiers, 1746. Grenade, 1747. Trépied, 1748 (13348, 49, 51). Arg. 3 p. B. et TB.

2515 Paysage, 1749. Rosier, 1750. Laurier, 1751 (13353, 55, 57). Arg. 3 p. B. et TB.

2516 Etoile, 1752, 1753. Parterre, 1755 (13359, 61, 63). Arg. 3 p. B.

2517 Lierre attaché à un arbre, 1756. Cybèle, 1757. Miroir à facettes, 1758 (13364, 66, 68). Arg. 3 p. B. et TB.

2518 Semblables aux précédents et autres; quelques refrappes (13304, 5, 8, 9, 11, 13, 15, 16, 18, 22, 23, 25, 26, 28, 31, 33, 34, 36, 38, 39, 42 à 42 [b], 44 [a], 45 [a], 47, 50, 52, 54, 56, 56 [a], 58, 60, 61 [a], 62, 65, 65 [a], 67, 69, 70, 71 [a]). Et. 2 p. C. 39 p. B. et TB.

2519 **Louis XVI.** Jetons commémoratifs du mariage, 1770. Arg. 3 p. Refrappe C. et divers, 6 p. (13372 à 75, 77, 92 à 92 [b]). — Ens. 9 p. B. et TB.

2520 Avènement, 1774. Deux L couronnés; octog. Neptune. Pallas (13376, 87 à 91). B. et TB.

2521 **Révolution**. Buste de Louis XVI. ℟. Trophées et attributs des trois ordres; à l'ex. ÉTATS GÉNÉRAUX 1789 (13393). Octog. Arg. TB. *Pl. XVII.*

2522 Mort de Louis XVI, 1793 par Loos (13461 à 62 [a]). Arg. 3 p. TB.

2523 Jetons et médaillettes au buste de Louis XVI pour la plupart. Jetons de Nuremberg (13394 à 13460, 63 à 89 [a]). Et. 6 p. C. 96 p. B. et TB.

2524 Marie-Antoinette. Buste à dr. par Du Vivier. ℟. Ecus accolés (13496). Arg. TB. *Pl. XVII.*

2525 — Autre; fruste (13497). Ecus accolés. ℟. JETTON DE LA REINE 1774; octog. (13506). Arg. 2 p.

2526 Exécution de Marie-Antoinette, 1793. Petite médaille de Kœnig (13493). Arg. TB.

2527 — Même sujet par Loos. Autres par Stierle (13508, 10 [a], 11). Arg. 3 p. B. et TB.

2528 Semblables aux précédents et autres, plusieurs refrappes (13490, 92, 94, 95, 98, 99, 13501, 3, 4, 9, 10, 11 [a] à 13). Et. 2 p. C. 12 p.

2529 Le Dauphin redevenu libre le 8 Juin 1795. Louis-Charles et Marie-Thérèse-Charlotte; bustes accolés. Madame Elisabeth; buste à g. (13514, 17, 19). Arg. 3 p. par Loos. TB.

2530 Semblables aux précédents et autres, quelques refrappes (13514 [a] à 16, 18, 20 à 34, 36 à 48 [b]). Et. 4 p. C. 36 p.

2531 La Justice. ℞. LIBERTÉ ÉGALITÉ (13535). Tête de Bonaparte. ℞. IVe ANNÉE DU CONSULAT DE BONAPARTE. Caisse d'escompte, 1802; octog. Agents de change, an 9; octog. (13549 à 49 [b]). Arg. 4 p. B. et TB.

2532 **Lot** de refrappes (11554, 55, 11713 [a], 12449, 13198, 13303, 71, 13491, 13500, 2, 5, 7). C. 1 p. Arg. 13 p. B. et TB.

IV. PAYS-BAS

FLANDRE

2533 **Louis de Crécy** *et Marguerite de France.* Ecu au lion. ℞. Ecu parti de Flandre et de France. Autre. Ecu parti. ℞. Croix (13550 à 51). C. 3 p. B.

2534 **Louis de Mâle.** Ecu au lion. ℞. Croix (13552 à 63). C. 12 p. la plupart B.

2535 **Philippe le Hardi.** Ecu au lion. ℞. Croix (13564 à 74). C. 11 p. B.

2536 **Philippe le Bon.** Armes de Bourgogne (13575 à 78). C. 4 p. Pb. 1 p.

2537 **Charles le Téméraire** *et Marguerite d'York.* GITOERS : DV : BVREAV : DES : MAIST'S : DOSTEL. Plant de marguerite. ℞. JE : LAI : EMPRINS : BIEN : EN : A : VIENNE. Ecu de Bourgogne (13579). Arg. TB. *Pl. XVIII.*

2538 GETTOIRS : DES : FINANCES : DV : DVC. Trois briquets enlacés de trois C. IE : LAI : EMPRINS : AUTRE : NARAI. Croix de Bourgogne (13580). Arg. TB. *Pl. XVIII.*

2539 C et M enlacés. ℞. Arme de Bourgogne et d'Angleterre (13581). *Charles le Téméraire et Isabelle de Bourbon.* (13582). *Charles le Téméraire.* (13583) **Marie de Bourgogne** (13584). *Maximilien et Marie* (13585). — Ens. 5 p. C. AB. et B.

2540 **Philippe le Beau.** Ses armes. ℞. Ecu au lion. Figure debout. ℞. La Mort (13686 à 8). C. 3 p. B.

2541 *Philippe le Beau et Maximilien.* Monnaie des Flandres. Bureau du Duc, etc... (13589 à 98 [b]). C. 13 p.

2542 *Philippe le Beau* (13599 à 13601). *Philippe le Beau et Jeanne la Folle* (13602 à 6). — Ens. 10 p. C.

2543 **Charles-Quint.** Bureau du Duc, Monnaie de Flandre, Charles et ses trois sœurs (13607 à 11). C. 5 p.

2544 Bureau des comptes de Mons, Bureau des Finances, etc... (13612 à 17). C. 5 p. B. et TB.

2545 Bureau des Finances, 1515 (13618). Arg. Coulé ? TB.

2546 Finances, 1516, 1518, 1521, 1523, et divers (13619 à 30). C. 14 p.

2547 DIEV. P. SA. GRACE. VEULLE. SA. MAIN. ESTADRE. Sur une table couronnes et tables de la Loi. ℟. AFIN. Q. PAIX. SE. PEULT. P. TOVT. RESPANDRE. Berger ; au-dessus un ange (13631). Arg. TB. *Pl. XVIII.*

2548 Divers, 1526, 27, 29, 30, 31, 32, 34, 35, 36, 38, 39, 40 et s. d. (13632 à 35, 37 à 62). C. 31 p. La plupart B. et TB.

2549 Bustes accolés de Charles-Quint et de Ferdinand. ℟. Inscription, 1531 (13636). Arg. TB. *Pl. XVIII.*

2550 Divers, 1541, 42, 43, 44, 45, 46, 47, 48, (13663 à 82 [a]). C. 21 p. En général B. et TB.

2551 Astrologue cherchant à ouvrir les yeux à un aveugle. ℟. Hibou. Bustes affrontés de Charles-Quint et de Philippe II. ℟. Balance et écu de Zélande, 1555 (13693, 98). Arg. 2 p. B.

2552 Archers, 1549. Divers, 1550, 51, 52, 53, 54, 55 et s. d. (13683 à 92, 94 à 97, 99 à 13706 [a]). C. 23 p. Pb. 1 p.

2553 **Philippe II.** Buste à dr. (Repris au burin), 1556. Bureau des Finances, 1557 (13710, 13). Arg. 2 p. B.

2554 Buste de Charles-Quint, 1556 (13709). C. TB.

2555 Bureau des Finances, Philippe II et Isabelle, divers (13707, 8, 11, 14 à 35) C. 24 p. La plupart B. et TB.

2556 Buste à dr., 1567. ℟. COMITE CLEMETIA. Temple, trophée, etc... (13736). Arg. TB.

2557 Même pièce et autres (13737 à 42, 45 à 50). C. 13 p. B. et TB.

2558 Bustes affrontés de Philippe et d'Anne, 1571. ℟. La Belgique assise (13743). Arg. B.

2559 Pierre triangulaire et écu de Hollande, 1574 (13751). Arg. TB.

2560 Même pièce et variété ; divers, 1574, 75, 76, 77, 78, 79, 80 (13752 à 4, 56, 57, 59, 61 à 70, 72 à 74, 76 à 81, 83, 84, 86 à 91). C. 34 p. B. et TB.

2561 Chapeau de la Liberté, 1575. ℟. Lion néerlandais. Livre enflammé. ℟. Dix cœurs enflammés, 1575 (13755, 58, 60). Arg. 3 p. B. et TB.

2562 Le Prophète Elie, 1577. ℟. Daniel dans la fosse. David et Goliath. ℟. Lion égorgeant un sanglier, 1578 (13771, 75). Arg. 2 p. B. et TB.

2563 Combat. ℟. Cadavre d'Egmont et de Hornes, 1579. Le roi accompagné du Pape présente au lion belge un rameau d'olivier et un collier, 1580 (13782, 85). Arg. 2 p. TB.

2564 Personnage menaçant un chien et frappé au cœur d'une flèche, 1581. Jauregui tente d'assassiner le prince d'Orange, 1582 (13792, 96). Arg. 2 p. TB.

2565 Aversion des Gantois pour le Duc d'Anjou, 1583 (13799, 13800). Arg. 2 p. C. 1 p. B. et TB.

2566 Balthasar Gérard tire un coup de pistolet sur Guillaume d'Orange, 1584. Deux Espagnols nourrissent un cheval et un âne, 1585 (13810, 16). Arg. 2 p. TB.

2567 Elisabeth d'Angleterre remet une épée à deux Belges, 1586. Elisabeth dans un char, 1589 (13822, 37). Arg. 2 p. TB.

2568 Main tenant un faisceau de flèches, 1590. Femme dans un enclos, 1591 (13840, 44). Arg. 2 p. TB.

2569 Dextrochère tenant une balance, 1593. Les Espagnols chassés de Selvolda, 1595. Le Prince d'Orange sous les traits de Mars, 1595 (13851, 58, 60). Arg. 3 p. B.

2570 Le Cardinal-Archiduc fait mettre deux hommes à mort, 1596. Le cheval de Troie, 1596 (13864, 66). Arg. 2 p. TB.

2571 La Constance et la Foi, 1596. Guerrier prêtant serment sur un autel, 1596. Géant foudroyé, 1598 (13869, 72, 76). Arg. 3 p. B. et TB.

2572 Semblables aux précédents et divers, de 1581 à 1598 (13792 a à 94, 97, 98, 13801 à 9, 11 à 15, 17 à 21, 23 à 36, 38, 39, 41 à 43 a, 45 à 50, 52 à 57, 59, 61 à 63, 65, 67, 68, 70, 71, 73 à 75, 77 à 79). C. 73 p. B. et TB.

2573 **Albert et Isabelle**. Serpent mordant une rose, 1605. Mercure présente à Ulysse (le Prince d'Orange) une branche de moly, 1607. Faisceau de flèches, 1608 (13890, 95, 98). Arg. 3 p. B. et TB.

2574 Ecus de France, d'Angleterre et des Pays-Bas, 1609. Mercure réveille un Hollandais. 1609. Un loup, coiffé du bonnet des Jésuites, égorge un agneau (assassinat de Henri IV), 1610 (13902, 4, 8). Arg. 3 p. B. et TB.

2575 Bouclier, 1618. Navire désemparé, 1621 (12921, 26). Arg. 2 p. B. et TB.

2576 Semblables aux précédents et autres (13880 à 89, 91 à 94, 96, 97, 99 à 13901, 3, 5 à 7 a, 8 a à 20, 22 à 25, 27). C. 42 p. B. et TB.

2577 **Philippe IV**. Buste à dr. ℞. Dextrochère tenant une épée et une couronne de laurier, 1639. Olivier, 1657 (13942, 66). Arg. 2 p. B. et TB.

2578 Divers (13928 à 41, 43 à 65, 67 à 82). C. 55 p. B. et TB.

2579 **Charles II**. Buste à dr. ℟. Phénix, 1666 (13983 à 85). Arg. 3 p. de modules variés. TB.

2580 Buste à dr. ℟. Ecu ; Ecu. ℟. Colonnes d'Hercule, 1670 (13986, 87). Arg. 2 p. TB.

2581 Buste de Louis XIV. ℟. La Flandre subjuguée, 1677. Comète, 1680 à 81. Charles II et Marie-Anne, 1690 (14011, 24, 34). Arg. 3 p. B. et TB.

2582 Divers (13988 à 14010, 14012 à 23, 25 à 33, 35). C. 36 p. B. et TB.

2583 **Philippe V**. Soleil éclairant un parterre, 1701. Buste de Maximilien-Emmanuel de Bavière, 1703. Buste de Philippe V, 1703, 1704 (14036, 40 à 42). Arg. 4 p. Jetons de C. (14037, 39). — Ens. 6 p. B. et TB.

2584 Buste de Charles VI, 1717, 18, 20 (14043 à 48). Arg. 4 p. C. 2 p. B. et TB.

2585 Buste d'Elisabeth (14049 à 52). Arg. 2 p. C. 2 p. B. et TB.

2586 **Marie-Thérèse**. Buste à dr. ℟. Autel, 1744 (14054). Or. TB.
Pl. XVIII.

2587 Buste à dr. (14053, 57). **Joseph II**. Buste à dr. (14058 à 61). **République**. (14062, 67). — Ens. Arg. 7 p. C. 7 p.

PROVINCES ET VILLES

2588 **Alkmaar** (14068, 69). Arg. et Et. **Alost** (14072 à 73). **Amersfort**, 1664 (14074) C. — Ens. 7 p.

2589 **Anvers**. Berger protégeant son troupeau (Allusion à l'entreprise malheureuse du Duc d'Anjou, 1583). Marcel Librechts, 1662. J. B. Huart, 1673. La Monnaie, s. d. (14083, 95, 100, 5). Arg. 4 p. TB.

2590 Semblables aux précédents et autres, méreaux, etc... (14075 à 82, 84 à 94, 96 à 99, 14101 à 104, 6 à 14). C. 35 p. B. et TB.

2591 **Berg Op Zom** (14115). **Bois-le-Duc** (14116 à 118). **Les Huit paroisses de Flandre** (14119 à 125). **Bommel** (14126 à 29). Arg. 5 p. C. 10 p. B. et TB. Quelques refrappes.

2592 **Brabant**. Buste de Charles II, 1666 (14165 à 7). Buste de Philippe V, 1706 (14168). Marie-Christine d'Autriche et Albert de Saxe, 1786 (14170). Léopold II. François II (14171, 72 à 74). Arg. 9 p. B. et TB.

2593 Chambre des Comptes. Bureau des Finances, etc... (14130 à 64, 68 [a], 69, 71 [a]). C. 38 p. B. et TB.

2594 **Bréda**. Délivrance, 1590. Arg. et C. Vue de la ville, 1625. Pélican, 1737 (14175 à 80). Arg. 3 p. C. 2 p. Pb. 1 p. B. et TB.

2595 **Bruges.** VIVE. BOVRG. AU. NOBLE, DVC. Briquet sur les armes de Bourgogne. ℟. JECT. POVR. LES. MAIST. DE. LA. MO'. A. BRUG'. Saint André; de chaque côté la date 1468 (14181). Arg. B. Rare. *Pl. XVIII.*

2596 Bustes affrontés des archiducs. ℟. La Monnaie. 1612. Ecu d'Espagne. ℟. Ecu de la ville, 1645 (14186, 91). Arg. 2 p. TB.

2597 Buste de Charles II. ℟. Ecu de la ville (14195, 96). Arg. 2 p. TB.

2598 Même buste. ℟. Ecu du Franc de Bruges, 1666, 70 (14193, 98). Arg. 2 p. B.

2599 Buste à dr. ℟. Même type, 1685, 86, s. d. (14203, 6, 8). Arg. 3 p. TB.

2600 Buste à g. ℟. Ecu de la ville. Buste couronné. ℟. Semblable, 1686, 90 et s. d. (14207, 10 à 13). Arg. 5 p. TB.

2601 Buste de Charles III (VI d'Autriche). ℟. Ecu du Franc (14216, 22, 23). Arg. 3 p. TB.

2602 Même buste. ℟. Armes de Bruges, 1736 et s. d. (14217, 20, 21, 24). Arg. 4 p. TB.

2603 Bustes accolés de Philippe V et de Marie. ℟. Soleil et mains jointes, 1702. Buste de Marie-Thérèse. ℟. Armes du Franc (14218, 26, 30). Arg. 3 p. B. et TB.

2604 Même buste. ℟. Armes de Bruges. Buste de Charles VI. ℟. Armes de la chambre des courtiers (14228, 29, 33, 34). Arg. 4 p. TB.

2605 Buste de Winckelmann à dr. ℟. Femme vidant une corne d'abondance remplie de monnaies, 1752 (14231). Arg. TB.

2606 Monnaie, 1468, 72 et s. d. (14182 à 5). C. 6 p. AB. et B.

2607 Armes de Bruges, armes du Franc de Bruges, armes des courtiers, etc... (14187 à 90, 92, 94, 97, 99 à 202, 4, 5, 9, 14 à 15 [a], 19, 19 [a], 25, 27, 34 [a]). C. 22 p. B. et TB.

2608 **Bruxelles.** Méreau; gens des comptes; receveurs de la ville, 1538, 42, 46; intendant du canal, 1587, etc... (14235 à 49). C. 15 p.

2609 Bustes affrontés d'Albert et Isabelle. ℟. MVNIFICENTIA, 1599 (14249 [a]). Or. Fendu.

2610 Canal; chambre des comptes, etc... (14250 à 14348, 50, 51, 53, 54, 57). C. 106 p. en général B et TB.

2611 Philippe V. 1702. Charles-Alexandre de Lorraine, 1769, 78, 80 (14349, 52, 55, 55). Arg. 4 p. B. et TB.

2612 Buste d'André Vésale à g. ℟. SOCIÉTÉ DE MÉDECINE DE BRUXELLES MESSIDOR AN XII. Autre : Buste de trois-quarts de face (14358, 59). Arg. 2 p. TB.

2613 **Courtrai**. Buste de Philippe IV. ℟. CALCVLVS CIVITATIS CORTRACENE. Ecu de la ville (14371). Arg. TB. *Pl. XVIII.*

2614 Buste de Louis XIV. ℟. Même type, 1671 (14372). Arg. B.

2615 Buste de Charles II. ℟. Même type. Buste de Marie-Thérèse. ℟. Ecu de la châtellenie de Courtrai (14373 à 75). Arg. 3 p. TB.

2616 **Charleroi** (14360, 69, 70). **Doesbourg.** Maurice d'Orange arrêtant un dragon, 1598 (14378). **Dordrecht** (14379). — Ens. 5 p. C. B. et TB. **Delft**. Vue de la ville (14376). Arg. B.

2617 **Enghien**. FRANÇOYS. DE. BOVRBON. COTE. Ses armes. ℟. DENGHYEN. G. LIEVTEN. DE PIEDMONT. Lion. (14381). C. B. Rare. *Pl. XVIII.*

2618 — Variété sans le titre de Piémont (14380). C. AB. **Flessingue.** Inauguration de Maurice de Nassau. Réintégration de Guillaume IV, 1751 (14382, 84). Arg. 2 p. B. et TB.

2619 **Frise**. Buste de Charles-Quint, 1550. Arg. et C. Ecu de West-Frise, 1598, 1608, 1617. Arg. et C. (14385 à 9). — Ens. 2 p. Arg. 3 p. C. B. et TB.

2620 **Furnes**. Buste de Louis XIV. ℟. Armes de la ville, 1680 (14392, 93). Arg. 2 p. B. Buste des archiducs ; buste de Philippe IV ; armes de Flandre (14390 à 91, 93 a). C. — Ens. 6 p.

2621 **Gand**. GETTOIRS : DES : GENERAVLX : MAISTRES. Un grand G enlaçant la croix de Bourgogne. ℟. DE : LA : MONNOIE : DE : FLANDRES. Lion assis (14395). Arg. TB. légèrement fendu. *Pl. XVIII.*

2622 Gédéon implorant Jéhovah, 1576. Chambre transférée à Gand, 1580 (14400, 5, 6). Arg. 3 p. B. et TB.

2623 Le Duc d'Anjou appelé, 1581. Albert et Isabelle, 1600. Philippe IV, s. d. (14408, 12 à 14). Arg. 4 p. B. et TB.

2624 Charles II, s. d., 1687, 88 (14415 à 19). Arg. 5 p. B. et TB.

2625 Bustes accolés de Charles II et de Marie-Anne, 1689. Buste de Philippe V. ℟. Ecu de la ville. Autre. ℟. Châtellenie de Gand (14420 à 22). Arg. 3 p. TB.

2626 Buste de Charles VI. ℟. Lion. Autres. ℟. Tour. ℟. La Pucelle (14423, 24, 26, 27). Arg. 4 p. B. et TB.

2627 La Pucelle. ℟. Ecu de la ville. Marie-Thérèse. ℟. Ecu de Gand. Autres. ℟. Tour. Joseph II. ℟. Tour (14428 à 33). Arg. 6 p. TB.

2628 Monnaie, Saint Sébastien, femme nue, Charles-Quint, etc... (14394, 96 à 99, 14401 à 4, 7, 9 à 11, 25). C. 14 p. B. et TB.

2629 Méreaux de Saint Bavon. Pb. 10 p. Femme nue. Jetons de Nuremberg. C. (14434 à 14511). — Ens. 82 p.

2630 **Gertruidenberg**. Vue de la ville assiégée, 1593 (14513, 15). Arg. 2 p. B. et TB.

2631 Mêmes p. **Gembloux**. Bureaux des Finances, 1578 (14512, 14, 16). C. 3 p. **Gorcum**. Armes de la ville, 1588 (14517, 18). Arg. **Gouda**. Vue de la ville (14519). Arg. — Ens. 6 p. B. et TB.

2632 **Grave**. Armées de Maurice d'Orange et de Mendoça, 1602. Chasseur, 1602. Arg. et divers C. (14520 à 26). **Groningue** (14527, 28). C. — Ens. 9 p. B. et TB.

2633 **Gueldre**. GECTO POVR LA. CHA EN GEL. Buste de Philippe II accosté de 1568 et 1569. ℟. ET. EXALTAVIT. HVMILES. Buste d'Anne d'Autriche ; devant 1570 (14531). Flan épais. Arg. B. *Pl. XVIII.*

2634 — Mêmes p., flan mince ; divers. **Hainaut**. Etats. Chambre des comptes, etc... (14529, 30, 32 à 45). C. 17 p. B. et TB.

2635 **Hollande**. Berger protégeant une chèvre attaquée par un renard, 1573. Vaisseau, 1606. La Belgique éplorée (14553, 56, 59). Arg. 3 p. B. et TB.

2636 Mêmes p. et autres (14548 à 52, 54, 55, 57, 58, 60, 61). C. 12 p. **Harlem**, 1573. C. La Typographie, s. d. Arg. (14546, 47). — Ens. 14 p. B. et TB.

2637 **Huy**. Philippe V, 1705 (14562). Arg. **L'Ecluse**. Galères, 1603. Ecu de Zélande, vue de la ville, 1604 (14564, 6, 8). Arg. — Ens. 4 p. TB.

2638 Mêmes p. et autre (14565, 67, 69, 70). **Kieldrecht**. Navires, 1626 (14563). **Leyde**. Méreau. Arquebusiers, etc... (14571 à 79). Arg. 6 p. C. 7 p. B. et TB.

2639 **Liège**. Jetons des évêques ; méreaux, etc... (14580 à 14606). Arg. 1 p. C. 28 p. B. et TB.

2640 **Louvain**. Bustes affrontés d'Albert et Isabelle. ℟. MVNIFICENTIA, 1599 (14607). Or. B. *Pl. XVIII.*

2641 Canal (14608). Pb. **Luxembourg**. Tétragramme (14609, 10). Arg. et C. **Maestricht**, 1614 (14611). C. — Ens. 4 p. B. et TB.

2642 **Malines**. PAX : HUIC : DOMVI : ET : OMNIB : HABITATIB : IN : EA. Ange faisant entrer des mendiants dans un édifice accosté de la date 1490. A l'ex. M. IA. IN. ℟. STI. SPIRITVS. ASSIT. NOBIS. GRATIA. VT. VIVAMVS. Le Saint Esprit dans une rosace (14614). Arg. TB. mais troué. *Pl. XVIII.*

2643 — Même type varié daté 1490 (14613, 15, 16). Arg. 3 p. B.

2644 Méreaux et divers (14612, 17 à 24). **Menin.** Méreaux (14625, 26) **Middelbourg.** Méreaux (14628, 29). C. 13 p. B. et TB.

2645 **Mons.** Fondation Godin, 1585. La ville, 1587 (14630 à 32). C. et Pb. 4 p. Charles de Lorraine, 1714. Confrairie de Saint Jacques, 1789 (14633 à 34). Arg. **Monster.** Maurice d'Orange, 1589 (14635). Arg.

2646 **Namur.** Charles de Gavres, 1739. François de Gavres, 1770, Nation Namuroise, 1787. Liberté, 1790 (14658, 70, 72, 73). Arg. 4 p. AB. et TB.

2647 Armes de Louis de Dampierre ? ℞. Agneau. Chambre des Comptes. Gouverneurs, Etats, etc... (14636 à 57, 59 à 69, 71, 74 à 77). C. 40 p. B. et TB.

2648 **Nieuport.** Fuite des Espagnols, 1600 (14680 à 84). Arg. 1 p. C. 4 p. B. et TB.

2649 Vue de la ville, 1591. Paix, 1679. Bureau des Finances, 1682 (14685 à 96). **Ostende.** Le siège, 1603 et divers (14699, 14701, 3, 5, 6, 7, 10). C. 21 p. B. et TB.

2650 Vue du port. ℞. Coq et renard, 1603. Autres. ℞. Plan de l'Ecluse (14700, 2, 4). Arg. 3 p. TB.

2651 Chambre des Comptes, 1650. Buste de Charles II. ℞. Ecu d'Ostende, 1670. Autre. Buste de Charles VI (14706 a, 8, 9). Arg. 3 p. B.

2652 Armes d'Ostende, 1745. ℞. Armes du Comte de Lœwendael (14711). Arg. TB.

2653 Charles-Alexandre de Lorraine. ℞. Vue du port, 1771. Marie-Christine et Albert de Saxe, 1783. Octog. (14712, 13). Arg. 2 p. TB.

2654 **Oudenarde.** Buste de Louis XIV. ℞. Ecu de la ville, 1674. Arg. Autre, varié, 1676. C. (14714, 15). **Rynberck.** Buste de Louis XIV. ℞. Neptune. Arg. et C. (14720 à 23). — Ens. 6 p. B. et TB.

2655 Plan de la ville, 1601. Arg. Armée campée devant la ville, 1601. Arg. et C. (14716 à 18). — Ens. 3 p. TB.

2656 **Rotterdam.** Conseil communal, 1689 (14715 a). **Senef.** Tête de Louis XIV. Arg. et C. (14726 à 39). **Slykens.** Charles-Alexandre de Lorraine, 1757 (14740). Arg. **Steenkerke** (14740 a). Refr. C. — Ens. 16 p. B. et TB.

2657 **Steenwijk.** Reprise de la ville, 1592 (14741 à 44). Arg. et C. **Termonde.** Méreau (14645). C. **Tholen.** Daniel dans la fosse (14746, 47). — Arg. et C. — Ens. 7 p. B.

2658 **Tournai**. Gui Dimanche, maître de la Monnaie. Finances, 1513, 81, 83 et s. d., etc... (14748 à 63). C. 16 p. B. et TB.
2659 Louis XIV. Plan des fortifications, 1668. Amphion. Ecu de la ville, 1686, 1714 et s. d. (14764 à 75). Arg. 4 p. C. 9 p. B. et TB. Quelques refrappes.
2660 Charles VI. Marie-Thérèse (14776 à 79). Arg. 3 p. C. 1 p. B. et TB.
2661 Méreaux de la ville et du clergé (14780 à 14806). C. 28 p. Pb. 1 p.
2662 — Grand lot de jetons du Moyen-Age de la fabrique de Tournai (14808 à 14955 [a]). C. 163 p.
2663 **Turnhout**. Victoire, 1597 (14987 à 93). Arg. 2 p. C. 5 p. B. et TB.
2664 Buste de Philippe II, 1569. Tortue, 1596. Dextrochère, 1607 (14996, 15006, 10). Arg. 3 p. TB. dont une trouée.
2665 Faisceau. Trophée, 1661. Jean V de Portugal, paix d'Utrecht (refr.). Tir, 1786 (15017, 21 [a], 24, 27). Arg. 4 p.
2666 — Semblables aux précédents et autres (14995, 97 à 15005, 7 à 9, 11 à 14, 18 à 21, 22, 23, 25, 26). C. 26 p. dont deux refrappes.
2667 **Vère**. Dextrochère, 1588. Arg. TB. Autre, 1589. C. coulé (14030, 31). **Verviers** (15029). **Vesop** (15032). **Viane**, 1565, 1566 (15033, 34). **Walcheren** (15035, 36). C. — Ens. 8 p.
2668 **Ypres**. Jeton de la ville, 1674, aux armes d'Espagne. Arg. Buste de Philippe IV. C. (15037, 38). 2 p. B. et TB.
2669 Buste de Louis XIV, 1678, 1680, 1698, 1700 (15039 à 50). Arg. 7 p. C. 5 p. B. et TB. Quelques refrappes.
2670 Buste de Charles VI, 1720, 27, 39. Marie-Thérèse, s. d. (15051 à 56). Arg. 6 p. TB.
2671 **Zélande**. La barque des Apôtres, 1562. Vaisseaux de l'Armada, 1588 (15058, 64, 67). Arg. 3 p. B. et TB.
2672 Propositions trompeuses de paix. 1590, 1594. Les Hollandais protégés contre les Espagnols (15070, 72, 76). Arg. 3 p. B. et TB.
2673 La Mort, 1598; coulé. Spinola et Maurice, 1609. Ecu de Zélande entouré de 7 écussons, 1614. Navire, 1647 (15080, 87, 88, 90). Arg. 4 p. B. et TB.
2674 — Semblables aux précédents et autres (15057, 59 à 63, 65, 66, 68, 69, 71, 73 à 75, 77 à 79, 81 à 86, 89, 91 à 93). C. 27 p. B. et TB.
2675 **Noblesse des Flandres**. PLVS. EST. EN. VOVS. MEER. ES. IN. HV. Ecu écartelé de Gruthuse. ℟. Même légende. Mortier sur son affut (15095). Arg. TB. Rare. *Pl. XVIII.*

2676 — Variété fruste; autre. ℞. Saint Nicolas. De Berg, 1507. De Clèves et Marie de Luxembourg, 1525 (15094, 95 a à 97). C. 4 p.

2677 De Croy, 1532, 1541, 1554, 1567, 1585, 1592, 1719 et s. d. (15098 à 15100, 2, 4 à 9, 13, 16 a, 18, 24 à 26). C. 16 p.

2678 Bailloeut, 1548. Gavres et Sabine de Bavière. Philippe de Clèves. Hembyse, 1583. Lalaing de Renty, etc... (15101, 3, 10, 11, 14 à 16, 17, 19 à 23 a). C. 15 p.

V. DIVERS

PIÈCES NON CATALOGUÉES DOUBLES, MEUBLES, LIVRES

2679 *Forceville* (Picardie). Ecu losangé et parti de Forceville et de Monthomer. ℞. Ecu aux armes de Forceville, Feuquières, Créqui, etc. C. doré. TB. Rare. *Pl. XVIII.*

2680 *Metz*. Ch. Sartorius, maître-échevin, 1606. Petit jeton (Robert 874). Bill. B. Rare.

2681 Nicolas Maguin, maître-échevin, 1615. Petit jeton (Robert 875 var.). Bill. B. Rare.

2682 *Comptabilité nationale.* REPUBLIQUE FRANÇAISE. Coq sur un faisceau. ℞. COMPTABILITÉ NATIONALE. AN VIII. Balances et compas. Octog. Arg. TB. Rare. *Pl. XVIII.*

2683 *Maçonniques*. Saint-Jean de la Palestine, 1806. La Persévérance de Rouen. Arg. 2 p. TB.

2684 *Préfecture de la Seine*, an XIII et s. d. Arg. 3 p. TB.

2685 *Amiens*. Notaires, 1816. Arg. 2 p. TB.

2686 *Beauvais*. Notaires. Armes royales, 1826. Octog. Arg. TB.

2687 — Tête de Louis XVIII. Octog. Arg. 4 p. TB.

2688 — Tables sur un trophée, 1832. Octog. Arg. 4 p. TB.

2689 *Caen*. La Neustrie. Hexag. *Loches*. Notaires. Octog. Arg. 2 p. TB.

2690 *Senlis*. Caisse d'épargne. Tête de Louis-Philippe. Octog. Arg. 2 p. var. TB.

2691 — Ruche. Octog. Arg. 5 p. TB.

2692 *Divers*. Société des Bibliophiles, 1820. Société Médicale, 1845, etc... Arg. 13 p.

2693 Luther, Mélanchton, Zwingle, Huss, etc... par Dassier. Arg. 12 p. B. et TB.

2694 Angleterre. Jetons gravés à la manière de Simon Passe. 7 p. Baptême du Prince Jacques, 1633. Mariage de Charles Ier et Henriette, 1625. Arg. 9 p. B. et TB.

2695 Jetons et médaillettes d'Allemagne, de Suède, des Pays-Bas, etc... 26 p. Arg.

2696 ET PHOEBI ET MARTI. Ecu ℟. ANNVVM & ÆT. D. D. A. NOB. FR. POLIER. INCOLI. FRANCOP. RUTH. PHOEBI. DELICIIS. en six lignes. Or. B.

2697 Christian V de Danemark. Ducat s. d. Or.

2698 **Doubles.** *Administrations royales.* Arg. 10 p. B. et TB.

2699 *Paris.* Divers jetons et refrappes. Arg. 19 p. B. et TB.

2700 *Normandie.* Divers. Arg. 7 p. variées B. et TB.

2701 Grand lot de doubles. Arg. 53 p. AB. B. et TB.

2702 — Autre grand lot. Arg. 106 p.

2703 *Picardie, Cambraisis, Artois.* 8 p. variées. Arg. TB.

2704 — Grand lot de doubles. Arg. 118 p.

2705 *Flandre, Hainaut français.* Arg. 9 p. B. et TB.

2706 — Grand lot de doubles. Arg. 88 p.

2707 *Lorraine,* 35 p. *Strasbourg,* 2 p. Ensemble 37 p. Arg.

2708 *Champagne.* Médailles et jetons variés. 11 p. Arg. B. et TB.

2709 Lot de médailles et jetons. Arg. 43 p.

2710 *Orléanais.* 7 p. variées. B. et TB.

2711 Lot de doubles. 33 p. Arg. En général B.

2712 — Autre lot. 17 p. B. et TB.

2713 *Pays Chartrain, Maine, Touraine, Anjou.* Arg. 11 p. variées. B. et TB.

2714 Lot de doubles. Arg. 46 p. B. et TB.

2715 — Autre lot. Arg. 16 p. B. et TB.

2716 *Bretagne.* Jetons variés. 20 p. Arg. B. et TB.

2717 Grand lot de doubles. Arg. 400 p.

2718 — Autre lot. 100 p. Arg.

2719 *Poitou, Aunis, Saintonge.* Jetons variés. Arg. 6 p. TB.

2720 Lot de doubles. Arg. 24 p. B. et TB.

2721 — Autre lot. Arg. 41 p.

2722 *Aquitaine, Guyenne et Gascogne.* Arg. 57 p.

2723 *Auvergne, Limousin.* Arg. 11 p. B. et TB.

2724 *Bourgogne.* Jetons variés. Arg. 18 p. B. et TB.

2725 Grand lot. Arg. 66 p. AB. B. et TB.

2726 *Besançon, Nivernais.* Arg. 8 p. B. et TB.

2727 *Lyonnais.* Jetons variés. 9 p. Arg. TB.

2728 — Autre lot. Arg. 22 p. B. et TB.
2729 — Autre lot. Arg. 36 p. B. et TB.
2730 *Beaujolais.* Arg. 12 p.
2731 *Languedoc.* Arg. 7 p. variées. B. et TB.
2732 — Autre lot. Arg. 25 p.
2733 *Dauphiné.* Grand lot de jetons et médailles. Arg. 71 p.
2734 *Avignon, Provence, Savoie,* etc... Médaillettes et jetons. Arg. 10 p. B. et TB.
2735 *Rois et reines de France.* Grand lot. 142 p. Arg. B. et TB.
2736 — Autre lot. Arg. 50 p.
2737 *Pays-Bas.* Grand lot de jetons. Arg. 177 p. B. et TB.
2738 *Conseil du roi, Secrétaires du roi. Chancellerie.* Grand lot de jetons de cuivre. 300 p. environ.
2739 *Ordinaire des guerres, Extraordinaire des guerres. Artillerie.* Grand lot. C. 450 p. environ.
2740 *Marine. Galères.* C. 200 p. environ.
2741 *Chambre des Comptes, Chambre aux deniers.* C. 550 p. environ.
2742 *Trésor royal.* C. 350 p. environ.
2743 *Parties Casuelles.* C. 180 p. environ.
2744 *Bâtiments du Roi.* C. 250 p. environ.
2745 *Cour des Monnaies, Gabelles, Aides, Fermes, Domaines, Menus plaisirs, Ponts et chaussées.* C. 200 p. environ.
2746 *Paris.* La Ville. C. 150 p. environ.
2747 Prévôts et échevins. C. 380 p. environ.
2748 Receveurs des Pauvres, clergé, églises. C. 320 p. environ.
2749 Corporations. C. 180 p. environ.
2750 Médecine. C. 80 p. environ.
2751 Divers. Grand lot. C. 300 p. environ.
2752 *Provinces.* Normandie. C. 100 p. environ.
2753 Picardie. C. 75 p. environ.
2754 Artois, St Omer, Hainaut Français. C. 300 p. environ.
2755 Flandre Française. C. 320 p. environ.
2756 Lorraine. C. 500 p. environ.
2757 Champagne, Orléanais, Blésois, Berry, Pays Chartrain, etc... C. 260 p. environ.
2758 Anjou, Touraine. C. 250 p. environ.
2759 Bretagne. C. 200 p. environ.
2760 Poitou, Saintonge, Navarre, Béarn. C. 120 p. environ.
2761 Forez, Languedoc, Rodez. C. 80 p. environ.
2762 Clermont-Ferrand, Riom, etc... C. 80 p. environ.

2763 Bourgogne. Jetons des Etats et élus. C. 900 p. environ.
2764 — Dijon. Très grand lot. C. 1.100 p. environ.
2765 — Auxerre, Auxonne, Beaune, etc... C. 120 p. environ.
2766 Lyonnais. C. 160 p. environ.
2767 Nivernais. C. 80 p. environ.
2768 Franche-Comté. C. 230 p. environ.
2769 Dauphiné, Beaujolais, Provence. C. 60 p. environ.
2770 *Rois et reines de France*. Très grand lot de plus de 2.000 p. C.
2771 *Pays-Bas*. Grand lot. C. 1.200 p. environ.
2772 *Divers*. Jetons du Moyen-Age. C. 1.000 p. environ.
2773 Méreaux. Grand lot. C. 500 p. environ.
2774 Grand lot de jetons de Nuremberg. C. 800 p. environ.
2775 Jetons maçonniques. C. 50 p. environ.
2776 Personnages divers, par Dassier. C. 34 p.
2777 Jetons d'amour, jetons des Césars et divers. C. 150 p. environ.
2778 Jetons étrangers. C. 100 p. environ.
2779 Très grand lot de jetons français et étrangers, à diviser. Sera vendu par lots de 500 p. environ.
2780 Pièces non classées. Refrappes et pièces douteuses. Arg. 95 p.
2781 Lot de refrappes en cuivre. 500 p. environ.
2782 Grand lot de méreaux et de reproductions de jetons. Plomb.
2783 Huit petits bustes. Br. et trois têtes en plâtre.

MEUBLES

2784 *Médaillier* de chêne, en forme de colonne, contenant 58 tiroirs de 28 × 23 cent. Hauteur, 1.12; largeur, 0.39; profondeur, 0.29.
2785 — Autre médaillier, pareil.
2786 Médaillier en acajou, 100 tiroirs de 41 × 27.5 cent. Hauteur, 1.15; largeur, 1.04; profondeur, 0.45. Le dessus forme pupitre.

Ces médailliers ferment à clef. Ils sont garnis des petits carrés en carton, où logeaient les jetons.

2787 Vingt plateaux en acajou de 38 × 24 cent. divisés en cases pour jetons. Dans une boîte en acajou; le côté antérieur qui forme abattant est cassé.
2788 Cartonnier en acajou, le dessus formant pupitre. Hauteur, 1.20; largeur, 0,58; profondeur, 0,36.
2789 Grande armoire en chêne contenant, sur deux rangées, 50 tiroirs de 42 × 32 cent. En haut, un grand tiroir sur toute la longueur. Hauteur, 1,67; largeur, 1.10; profondeur, 0.44. Ferme à clef.

2790 151 tiroirs en chêne de 51 × 24 cent. dans un meuble à deux corps dont la partie supérieure est vitrée. Hauteur, 2.90.

2791 Grand lot de cartons à médailles.

2792 Bibliothèque acajou, 3 portes. Hauteur, 1.74; largeur, 1.11; profondeur, 0.40.

LIVRES

2793 *D'Affry de la Monnoye.* Jetons de l'Echevinage Parisien. Paris, 1878. Cart.

2794 *Ch. Robert.* Maîtres-échevins. Metz, 1853. Rel.

2795 *L. Quintard.* Jetons de l'Hôtel-de-Ville de Nancy, 1890. Br.

2796 *Chalon.* Mélanges (2 vol.). Rel.

2797 *Revue Numismatique française* 1836 à 1856 première série. Rel. 21 vol. Années 1856 à 1859. Rel. 4 vol. Années 1860-61, 1864 à 1866, 1868. Br. 6 vol. Années 1883 à 1887. Rel. 5 vol. Années 1888, 1896 à 1902. Br. 9 vol.

2798 *Revue Numismatique Belge.* Du début à 1883. Rel. 40 vol.

2799 *Gazette Numismatique française* 1897 à 1903. 1904 livraisons 1 et 2. 1905 livraisons 1, 3, 4. Br. 11 vol.

2800 *Dictionnaire de la Noblesse.* Seconde édition 1770 à 1778. Rel. 12 vol. Troisième édition 1863 à 1876. Br. 19 fasc.

2801 *J. Boisseau.* Promptuaire armorial. 1658. Rel. *P. Palliot.* La vraie et parfaite science des armoiries. Réimpression, 1895. 2 vol. Br. *Grandmaison.* Dictionnaire héraldique, 1861. Rel.

2802 *Collection de documents inédits* sur l'Histoire de France. Paris. 1837 à 1879. Cart. 41 vol.

2803 *L'Univers pittoresque.* Paris. Didot. 30 vol. Cart.

2804 *Lot.* Manuel Roret. Dictionnaires de la France, de l'Académie, des Beaux-Arts. Brochures. Catalogues de vente.

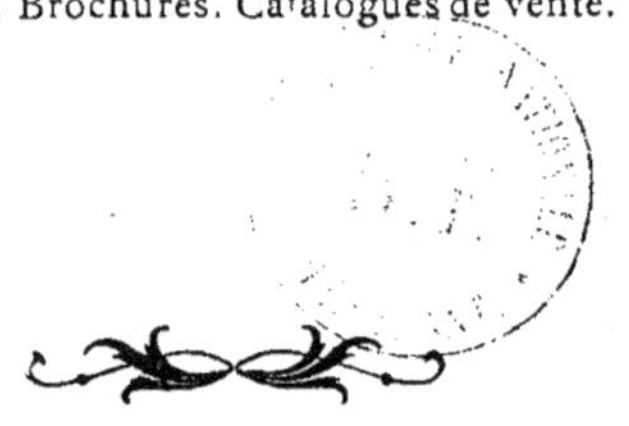

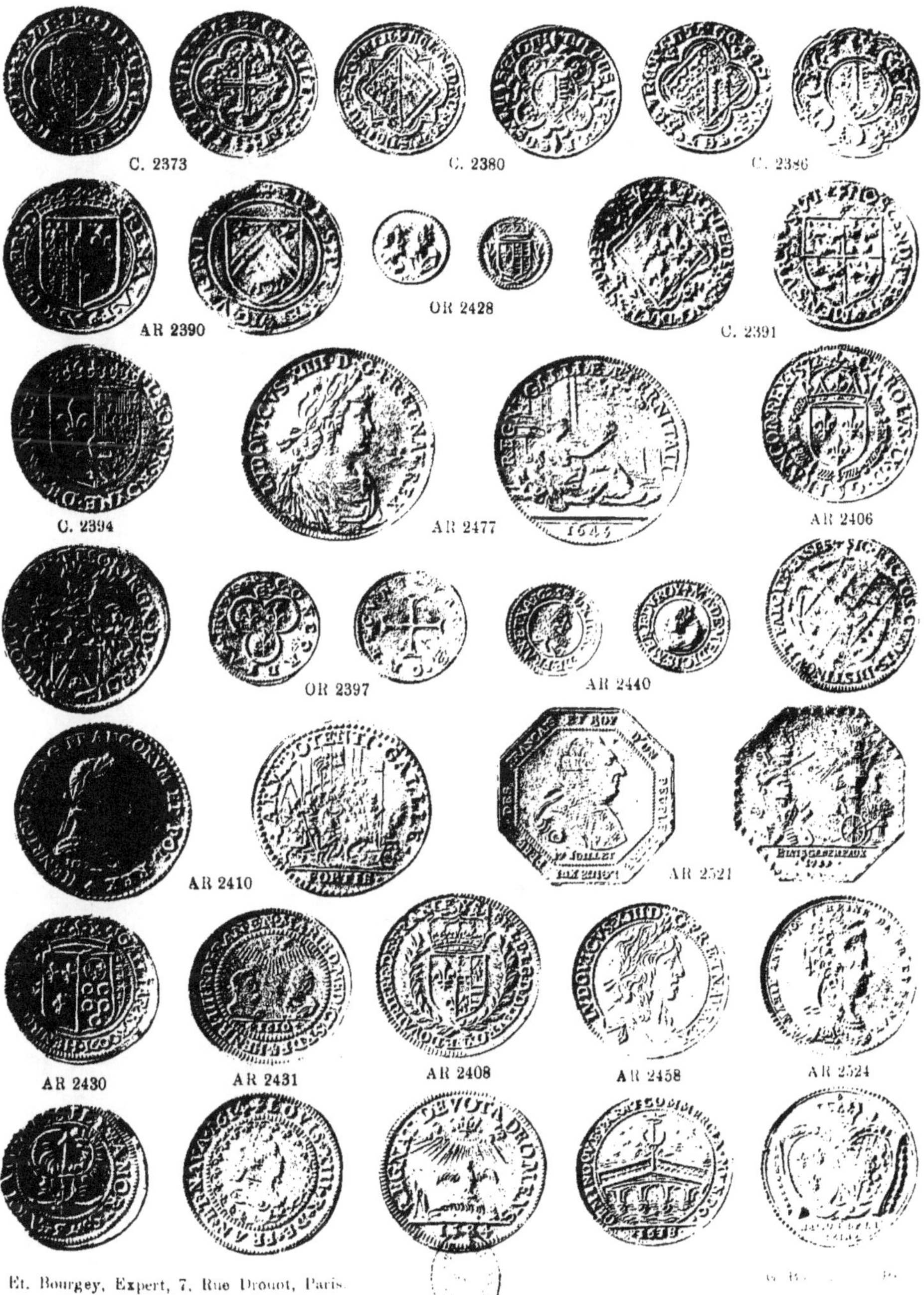

C. 2373 C. 2380 C. 2386

AR 2390 OR 2428 C. 2391

C. 2394 AR 2477 AR 2406

OR 2397 AR 2440

AR 2410 AR 2521

AR 2430 AR 2431 AR 2408 AR 2458 AR 2524

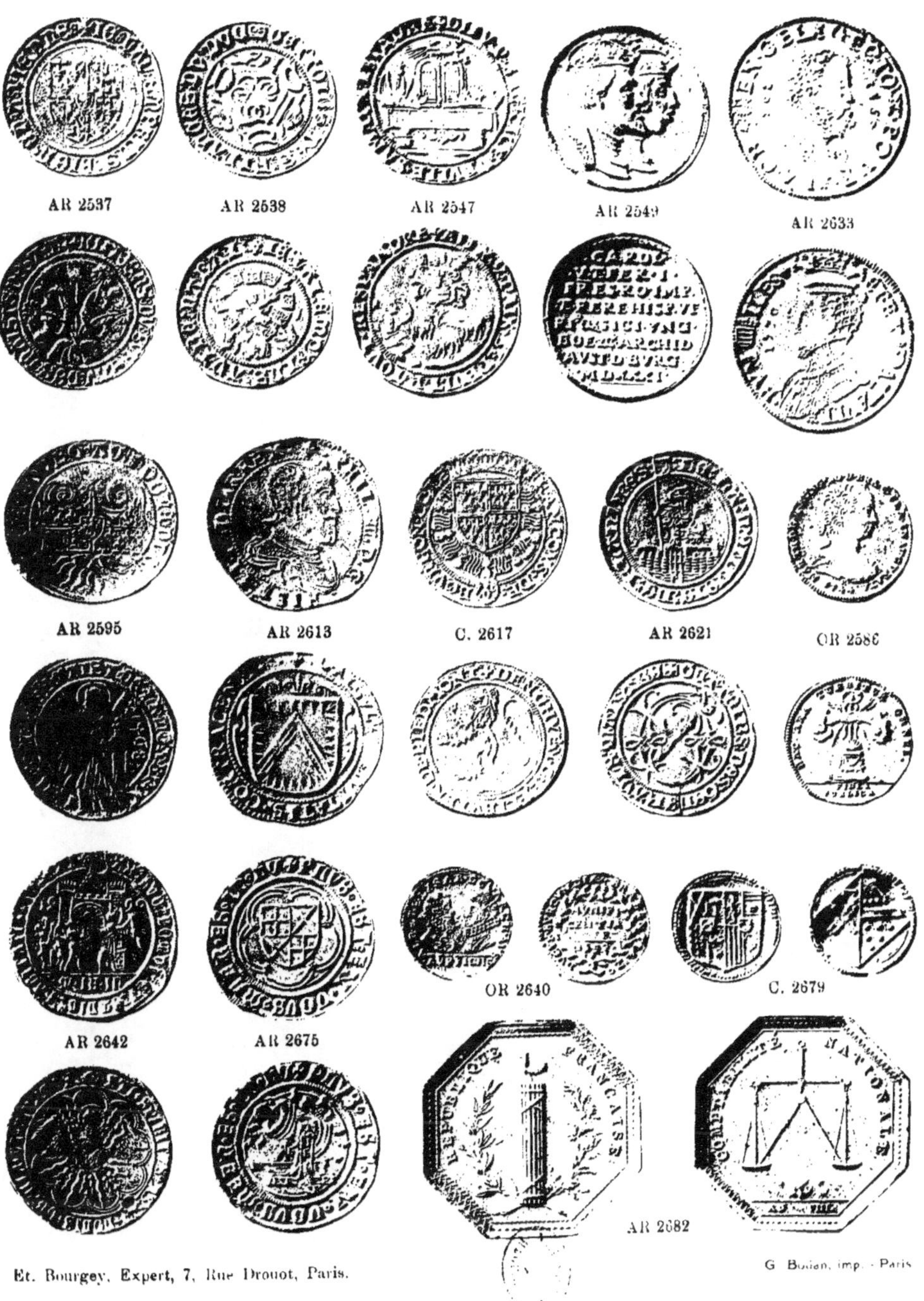

AR 2537 AR 2538 AR 2547 AR 2549 AR 2633

AR 2595 AR 2613 C. 2617 AR 2621 OR 2586

OR 2640 C. 2679

AR 2642 AR 2675

AR 2682

www.ingramcontent.com/pod-product-compliance
Lightning Source LLC
LaVergne TN
LVHW010012230826
846092LV00002B/770
9782329391762